AF242445

SEDAN ET IÉNA

GRANDS DÉSASTRES ET GRANDS EXEMPLES

PAR

Le Vicomte de CIVRY

> « Nous blâmons beaucoup les
> « malheureux des moindres fautes,
> « et les plaignons peu des plu
> « grands malheurs. »
> VAUVENARGUES.

PARIS

LIBRAIRIE MILITAIRE DE J. DUMAINE

LIBRAIRE-ÉDITEUR.

L. BAUDOIN & Ce, Successeurs

30, RUE ET PASSAGE DAUPHINE, 30

1881

SEDAN ET IÉNA

Paris. Imprimerie L. BAUDOIN, rue Christine, 2.

SEDAN ET IÉNA

GRANDS DÉSASTRES ET GRANDS EXEMPLES

PAR

Le Vicomte de CIVRY

> « Nous blâmons beaucoup les
> « malheureux des moindres fautes,
> « et les plaignons peu des plus
> « grands malheurs. »
> VAUVENARGUES.

PARIS

LIBRAIRIE MILITAIRE DE J. DUMAINE

LIBRAIRE-ÉDITEUR

L. BAUDOIN & Ce, Successeurs

30, RUE ET PASSAGE DAUPHINE, 30

1881

SEDAN ET IÉNA

Après un coup semblable à celui de 1870, un peuple doit se recueillir. L'infortune, loin de l'abattre, doit fortifier son énergie. Son épée doit se retremper, au lieu de s'amollir, car les grands chocs, lorsqu'ils ne tuent pas la patrie, doivent être pour elle autant d'avertissements et de stimulants pour l'avenir.

Au lendemain de Sedan, rien dans l'histoire n'est plus propre à servir d'étude aux Français, hommes d'Etat et hommes d'épée, que les malheurs de la Prusse en 1806.

Il y a là d'étonnants points de ressemblance avec ceux qui, en 1870, ont accablé la France.

Après Iéna, le relèvement méthodique, graduel, laborieux, de la Prusse, œuvre d'une patience intelligente et courageuse dont elle a le droit d'être fière, est un des grands exemples de ce siècle, exemple que toute nation prévoyante devra s'efforcer de suivre.

On croit généralement que la déclaration de guerre, si cruellement expiée à Iéna par Frédéric-Guillaume, fut un coup de tête, une soudaine résolution, un acte irréfléchi, arraché à la faiblesse d'un Roi par des intrigues de Cour, par une armée infatuée d'un beau passé, par la pression d'une opinion publique affolée.

Erreur !

A toutes les grandes crises se trouvent mêlées des passions imprévoyantes et funestes, qui conspirent avec les destinées ; dans tous les temps et dans tous les pays on a vu des contresens traverser les calculs des hommes d'Etat, des factions s'empresser de tirer parti des malheurs du pays, des ignorants envieux achever de troubler l'esprit public, un populaire s'échauffer sans savoir pourquoi, et des souverains, las de résister, s'abandonner à la fortune et jouer leur couronne, le repos de leur patrie, la vie de leurs sujets, dans de tristes hasards.

Il faut d'abord le constater : en 1806 comme en 1870, la guerre a été le dénouement presque inévitable d'une situation tendue, d'un conflit d'intérêts qui allait s'aggravant d'année en année.

Il s'agissait jadis pour la Prusse de recourir aux armes ou de renoncer à toutes ses ambitions légitimes et même à son indépendance, et, il y a onze ans, Napoléon III avait à décider s'il accepterait une diminution de son influence et de sa dignité qui devait entraîner la déchéance de sa dynastie.

La candidature du Prince héréditaire Léopold, de la Maison Princière de Hohenzollern, au trône des Espagnes, fut la pomme de Newton des désastres français.

« En 1870 comme en 1806,—dit si finement M. Valbert, — l'art du provocateur a été de se faire provoquer, l'art de l'agresseur a été de se faire attaquer. »

La faute a consisté, en 1870 comme en 1806, non à faire la guerre, mais à ne l'avoir ni suffisamment prévue ni suffisamment préparée, à n'avoir su choisir ni l'heure ni l'occasion, en un mot, à s'être laissé surprendre par l'événement.

Le 18 juillet 1870, un diplomate français, M. G. Rothan, ministre plénipotentiaire près la Cour de Prusse, historien érudit et observateur perspicace, écrivait à son gouvernement : — « Personne à Berlin ne doute du succès, et la conquête de l'Alsace y est envisagée par avance comme un fait accompli... Je ne saurais trop conjurer le gouvernement de l'Empereur d'aviser, dès à présent, aux moyens de défense les plus extrêmes et de nous préparer moins à une campagne sur le Rhin qu'à une lutte à outrance, jusqu'au couteau. » — Bientôt après, ce diplomate clairvoyant, à peine de retour à Paris, disait à un Ministre : — « Je crains que la partie ne soit pas égale entre nous et la Prusse ; il me semble que nous nous préparons à une passe d'armes, après laquelle nous aurons hâte de négocier ; la Prusse entend faire la guerre à fond, et c'est de notre existence qu'il s'agit. »

En 1870, la France commettait la même faute que la Prusse en 1806 : elle ne connaissait pas la force de son ennemi, et de toutes les sciences, c'est la plus nécessaire.

Depuis longtemps l'opposition était en lutte avec le Maréchal Niel, ce grand cœur et ce grand esprit ; elle lui refusait les subsides qu'il réclamait ; elle l'empêchait d'armer la France comme une grande nation doit l'être ; et les hommes d'Etat, trop indolents, n'osant prendre une décision énergique, s'endormaient, à l'exemple d'Archias, en murmurant : — « *A demain les affaires sérieuses !* »

Puis, tout à coup, la guerre est déclarée ; les revers

arrivent, et chacun, au lieu de comprendre la faute qu'il a commise et d'en faire publiquement son *meâ culpâ,* cherche à en rejeter sur son adversaire politique la responsabilité.

Il en fut de même pour la Prusse en 1806. La Prusse, trop confiante en elle-même, allègue plusieurs griefs contre la France et pousse l'aveuglement jusqu'à adresser à l'Empereur Napoléon un *ultimatum* dans lequel elle exigeait, pour le 8 octobre, satisfaction complète à ces griefs et l'évacuation subite de l'Allemagne.

C'était un *casus belli* des plus significatifs : « Monsieur « le Maréchal, — dit l'Empereur au Prince de Neuchâtel, en recevant la sommation prussienne, — « on nous « donne un rendez-vous d'honneur pour le 8. Jamais « un Français n'y a manqué ; mais, comme on dit qu'il « y a une belle Reine qui veut être témoin des combats, « soyons courtois, et marchons, sans nous coucher, vers « la Saxe. »

La Reine de Prusse, voulant suivre l'exemple de la Grande-Comtesse Mathilde et de Jeanne d'Arc, était effectivement à l'armée ; vêtue en amazone, elle avait pris l'uniforme du régiment de dragons qui portait son nom et qu'elle espérait conduire à la victoire. Napoléon fut dur pour cette femme, pour cette Reine. « Il semble, « disait son premier bulletin, voir Armide, dans son « égarement, mettant le feu à son propre palais. »

Dés que Napoléon eut tiré du fourreau cette épée dont les rapidités déroutaient tous les calculs et qui visait toujours au cœur, les choses marchèrent au pas de course. Le grand Capitaine avait pris ses dispositions ; sa présence animait les soldats du plus vif enthousiasme ; Austerlitz avait anéanti l'antique préjugé de la supériorité des Russes ; l'armée française avait maintenant à battre en brèche la réputation des savantes et belles manœuvres prussiennes que la mémoire du grand Frédéric protégeait encore dans tous les esprits. Ses chefs de corps s'appelaient : Murat, Ney, Bernadotte, Davout, Lannes, Soult et Augereau. Sa grande armée, forte de 180,000 hommes, avait à lutter contre 250,000 Allemands, commandés par le Duc de Brunswick, comme généralissime, par les généraux Mœllendorf, Schmettau, Wartensleben et Blücher, puis par les Princes d'Orange, Louis de Prusse, de Hohenlohe, et le duc de Wurtemberg.

Les Prussiens se croyaient en avance. Ils pensaient tomber sur l'armée française dispersée. Ils espéraient la surprendre en flagrant délit de marches concentriques.

Réunis, dans les premiers jours d'octobre, derrière le Thüringer-Wald, ils avancent leur aile droite pour donner la main au Prince de Hesse-Cassel, qui a organisé 20,000 hommes de ses meilleures troupes et qui leur a assuré son concours. Ils veulent ensuite franchir les défilés de la célèbre Thuringe, marcher sur le Mein et tomber en masse au centre des corps français qu'ils supposent toujours dispersés. Ils ignorent tous les mouvements de l'armée française, et, au moment où ils commencent leurs opérations, ils se trouvent prévenus partout : au lieu de prendre l'offensive, ainsi qu'ils l'avaient résolu, ils se voient tout à coup obligés d'y renoncer et de se mettre sur la défensive, pour laquelle rien n'a été préparé.

En effet, Napoléon a maintenu les Prussiens dans leur sécurité première.

Jusqu'au dernier moment, il reste à Paris et il conserve sa garde au camp de Meudon. Pendant ce temps, ses corps d'armée se concentrent dans la vallée du Mein, et forment trois masses à Cobourg, Kronach et Bayreuth. Sur chacun de ces points, l'Empereur établit des ouvrages de fortifications de campagne, et il ordonne aux régiments d'y laisser leurs petits dépôts.

Puis, l'armée française se dispose à déboucher en trois colonnes dans la direction de Leipsig, en tournant la gauche de l'armée prussienne, qui reste immobile derrière la forêt de Thüringe, gardée par la Saale, à l'Est, la Werra, à l'Ouest, et le Hartz, au Nord.

Pour retenir et observer l'ennemi, l'Empereur rassemble ostensiblement une armée à Wesel sous les ordres de son frère, le Roi de Hollande ; il l'annonce comme forte de 80,000 hommes ; il attire ainsi l'attention de l'état-major prussien vers sa droite, tandis qu'il va opérer sur sa gauche.

En outre, pour observer l'Autriche, il fait garnir la ligne de l'Inn au moyen de quelques régiments qui s'établissent à Passau, Scharding, Braunau et Küfstein.

En résumé, ce plan de campagne de Napoléon consiste à répéter la manœuvre qu'il a dirigée, à Ulm, contre Mack l'année précédente et que les Prussiens doivent cependant bien connaître, manœuvre tournante qui coupe les communications de l'ennemi sans compromettre les siennes.

Deux choses en assuraient le succès : — le secret et la rapidité.

Les mouvements des Français sont aussi prompts, aussi précis que ceux des Allemands sont lents et confus.

Les trois colonnes françaises sont prêtes à fondre sur l'aile gauche prussienne, pendant que l'état-major ennemi hésite, tâtonne et perd du temps en faux mouvements derrière la chaîne brisée et montagneuse qui lui sert de lignes de défense et qui sépare les deux armées ennemies.

Cette différence, au début de la campagne, dans les manœuvres stratégiques des deux adversaires est encore plus accusée qu'en 1870, car elle se retrouve bientôt sur les champs de bataille, ce qui n'eut pas lieu dans cette dernière guerre.

Du côté des Français, c'est une tactique simple, rapide et pratique. Du côté des Prussiens, c'est une tactique lente, compassée.

Les forces ennemies sont partagées en deux armées : la première est à Erfurth, avec son aile droite à Eisenach et son avant-garde dans la forêt de Thüringe même ; la deuxième est à Iéna, avec son avant-garde à Saalfeld et son aile gauche à Schleitz.

Ces deux masses principales sont flanquées, à droite et à gauche, de deux masses secondaires et gardées de face par une nombreuse cavalerie qui fait des reconnaissances sur leur front.

Elles se disposent à s'ébranler pour marcher sur le Mein. Mais l'hésitation et l'incohérence règnent toujours dans les projets.

Au même moment, l'armée française est concentrée en trois masses à Bayreuth, Bamberg et Schweinfurth ; elle est prête à se porter en avant.

L'armée de réserve française est à Mayence ; l'armée de réserve prussienne entre Wittemberg et Magdebourg.

Tel était l'état des choses lorsque Napoléon donna ordre de quitter les bivouacs pour marcher à la victoire.

Sa colonne de droite est formée des deux corps des Maréchaux Ney et Soult, se suivant à une demi-marche l'un de l'autre ; elle part de Bayreuth ; elle arrive à Hoff le 9, à Planen le 10, à Géra et à Auma le 12.

Sa colonne du centre est formée de la cavalerie du Prince Murat, qui, appuyée d'une division d'infanterie, précède l'armée et lui sert d'avant-garde générale ; puis des deux corps des Maréchaux Bernadotte et Davout, qui marchent à trois lieues l'un de l'autre ; enfin, de la garde servant de réserve générale. Le 8, cette colonne débouche de Kronach sur Saalbourg ; le 9, elle est à Schleitz, où le général ennemi Tanenzien essaye un instant de résister, mais est contraint de se retirer bientôt devant des forces supérieures ; le 12, elle arrive à Auma, où elle rejoint la colonne de droite et où l'Empereur vient établir son quartier général.

On sait ce qui advint : sept jours suffirent à Napoléon pour déjouer les combinaisons de l'état-major prussien et une journée pour triompher complètement de l'armée prussienne.

Les trophées de la victoire d'Iéna, qui comprend les deux batailles d'Iéna et d'Auerstaëdt, furent : 40,000 prisonniers, 60 drapeaux et 300 pièces d'artillerie. L'armée prussienne, dont la plupart des généraux furent tués ou blessés, fut dispersée et détruite. Le Roi eut peine à s'échapper à travers les divisions françaises. La Reine, elle-même, cette belle et vaillante Princesse Louise de Mecklembourg-Strelitz, n'eut que le temps de quitter précipitamment Weimar, au moment où l'avant-garde française y arrivait, chassant les fuyards vers les montagnes du Hartz.

Le soldat prussien était brave et fit son devoir dans cette campagne de sept jours ; mais la bravoure du soldat ne produit tous ses effets que lorsqu'elle est appuyée de la confiance dans ses chefs. Il avait compris tout de suite que ses chefs n'étaient pas sûrs d'eux-mêmes, et que, dans la crainte de faire des fautes, ils avaient pris le parti de ne rien faire.

Ces faits et les champs d'Iéna, qui en furent la conséquence, ont prouvé ce que valait alors ce mot de Frédéric II : —

« Le monde ne repose pas plus sûrement sur les épaules d'Atlas que la Monarchie Prussienne sur son armée. »

Dans ses *Mémoires* (1), le Prince de Hardenberg, chancelier d'État du Roi de Prusse, se reproche d'avoir, comme tant d'autres, trop présumé de l'armée prussienne ; mais il impute les revers écrasants qu'elle essuya moins à elle-même qu'à ceux qui la commandaient, et surtout à l'étourderie d'un Gouvernement qui se croyait prêt et ne l'était pas. — « Non seulement on avait commencé la guerre sans avoir conclu la paix avec l'Angleterre et la Suède, sans être certain que la Russie entrerait prochainement en ligne ; on n'avait pas même prévu l'éventualité d'une défaite. Les forteresses n'avaient pas été mises en état de défense ni pourvues des approvisionnements nécessaires. Les troupes de la Prusse orientale et méridionale n'étaient pas encore sur le pied de guerre. Les bataillons de réserve, sorte d'armée territoriale, dont on avait parlé et sur laquelle on avait beaucoup écrit, n'étaient pas organisés. »

Ne croirait-on pas voir se dérouler le sombre pastiche de 1870 ?

Aussi la France, comme la Prusse en 1806, ne doit pas chercher à se disculper ; elle doit dire son *peccavi*.

---

(1) *Denkwürdigkeiten des Staatskanzlers Fürsten von Hardenberg*, herausgegeben von Leopold Ranke. — Leipzig, 1877.

Rien n'est plus imprévoyant que la médiocrité, et la médiocrité gouvernait la France, comme jadis elle gouvernait la Prusse.

Cependant, en France, personne jusqu'alors n'a voulu faire son examen de conscience, personne n'a voulu accepter le poids de ses erreurs.

Tout le monde a été pourtant le complice des fautes commises, et, plus que personne, ceux qui, depuis cette époque, les ont blamées le plus dûrement.

« M. de Girardin, ce baromètre marquant passivement les diverses pressions atmosphériques, ne signa-t-il pas de son nom ces lignes dans son journal d'alors, la *Liberté :*—« Si la Prusse refuse de se battre, nous la contraindrons, *à coups de crosse dans le dos*, de repasser le Rhin et de vider la rive gauche? »

Le 30 juin, seize jours avant la guerre, M. Thiers ne disait-il pas à la tribune : — « Si nous avons la paix, si nous ne sommes pas menacés, c'est qu'on nous sait PRÊTS à faire la guerre ; la chose est évidente comme la lumière », — et en refusant les douze cent mille hommes demandés par l'Empereur, n'avait-il pas dit : — « Qu'on se rassure, *notre armée suffira pour arrêter l'ennemi*. Derrière elle, le pays aura le temps de respirer et d'organiser *tranquillement* sa réserve. Est-ce que vous n'aurez pas toujours *deux ou trois* mois, c'est-à-dire *plus qu'il n'en faudra* pour organiser la garde nationale? » —

M. Eugène Pelletan ne motivait-il pas ainsi sa demande de désarmer les pompiers : — « Je comprendrais les pompiers armés *dans le cas d'une invasion ;* mais une invasion *est-elle possible?* On s'indignerait si je formulais une prévision semblable, et *l'on aurait raison.* » —

Le *Journal officiel* du 15 janvier 1871 ne conserve-t-il pas la déclaration de M. le général Trochu, constatant qu'il croyait à une *première victoire*, qui faciliterait des négociations honorables?

Enfin, toute la presse, sans exception, ne salua-t-elle pas d'un cri d'enthousiasme la déclaration de guerre?

M. le maréchal Lebœuf, qui était plus étroitement obligé que personne à la prudence, commit la faute de partager, sans en avoir fait un examen approfondi, la confiance de M. de Girardin, celle de M. Thiers, celle de M. Pelletan, celle de M. le général Trochu, celle de tout le monde; il avait trop de soldats, il accepta la réduction de dix mille hommes, proposée par la commission du budget; il déclara à la Chambre comme à M. Thiers qu'on était PRÊT, et lorsque l'Empereur lui demanda, comme il l'avait fait à ses autres ministres de la guerre : « En combien de temps, avec une armée de six cent mille hommes sur le pied de guerre, il pourrait s'engager à réunir quatre cent mille hommes sur un point donné; — il lui répondit, comme les autres, qu'il réunirait quatre cent mille hommes, sur un point donné, *en quinze jours.*

Voilà la faute, car c'est sur cette assurance que l'Empereur partit; et, au lieu de pouvoir concentrer quatre cent mille hommes sur son point d'attaque, l'Empereur, c'est de lui-même que je tiens cette assurance, n'en eût jamais deux cent cinquante mille sous la main (1). »

Le 30 octobre 1806, la grande-maîtresse de la Cour de Prusse, la Comtesse de Voss, écrivait dans son journal, récemment publié : —

« L'irrésolution, l'aveuglement, l'incapacité qui rè-

---

(1) A. Granier de Cassagnac. *Souvenirs du Second Empire.* Paris.

gnent dans les plus hauts postes et même dans l'entourage du Roi, voilà notre plus grand malheur (1). »

En outre, après avoir énuméré les diverses circonstances qui furent fatales à la Prusse, le Prince de Hardenberg signale combien il est désastreux pour une armée d'avoir à sa tête un Souverain qui ne sait pas la guerre et qui, incapable de commander, impose au commandement la gêne de sa présence, de ses décisions, de ses indécisions.

Frédéric-Guillaume III ne savait pas la guerre, mais il se piquait de l'apprendre.

Le Comte Pierre de Civry racontait plus tard à la Cour de Vienne que, pendant les conférences de Tilsitt, Napoléon dit brusquement à Sa Majesté Prussienne :

« *Eh bien ! Sire*, *étudiez-vous toujours la tactique ?*

Le Roi, avec sa timidité habituelle, porta la main à son chapeau, comme un grenadier qui salue, et répondit : *Oui, Sire !*

« Napoléon, — dit le Prince de Hardenberg, — aurait eu moins facilement gain de cause, si le Duc de Brunswick avait eu les mains libres, s'il avait pu conduire les opérations à sa guise. »

Mais le Roi était là ; on intriguait beaucoup autour de lui, et le généralissime ne pouvait rien entreprendre sans avoir obtenu son assentiment et celui de ses lieutenants. On tenait conseil de guerre sur conseil de

---

(1) *Neunundsechzig Jahre am preussischen Hofe,* aus den Erinnerungen der Oberhofmeisterin Sophie Marie Grafin von Voss. — Leipzig, 1876.

guerre; on perdait le temps en discussions, et les discussions intempestives sont une des grandes portes par lesquelles les catastrophes font leur entrée dans ce monde. Les troupes recevaient des ordres incohérents, suivis de contre-ordres; elles étaient fatiguées par des marches et des contre-marches, et d'avance elles se sentaient vaincues.

Avant de partir pour le Zululand, le fils même de Napoléon III, causant des tristes événements de 1870, disait : — « Dès l'ouverture de la campagne, j'ai cru deviner que les affaires iraient mal. On faisait venir tous les aides de camp les uns après les autres, on ne les écoutait qu'à moitié et on s'embrouillait dans les ordres qu'on leur donnait. Quelquefois on en rappelait un et on l'interrogeait de nouveau sans se souvenir qu'on l'avait déjà appelé et qu'il avait déjà répondu. »

En 1806, la Prusse se croyait prête, elle ne l'était pas. Les incapacités les plus notoires occupaient les premiers postes; le désordre régnait dans toutes les têtes. Seuls le Roi et le généralissime désiraient la paix : mais ils furent débordés. Frédéric-Guillaume III se laissa emporter par le tourbillon de ses courtisans et le Duc de Brunswick fut contraint de se soumettre.

A la vérité, le Ministre de France à Berlin, M. Laforest, affirmait que, quand les deux quartiers généraux se seraient rapprochés, on échangerait plus facilement des explications qui arrêteraient tout.

Mais l'aigle, qui a pris son vol pour s'abattre sur sa proie, s'amuse-t-il à négocier? Non, certes! surtout lorsque cet aigle s'appelle Napoléon !

Quoi qu'il en fût, dès que l'envoyé de la France se présenta au quartier prussien, le Duc de Brunswick le

reçut comme un Prince de sa Maison sait recevoir, il lui offrit la plus courtoise hospitalité et nourrit un moment l'espoir de détourner de l'Allemagne les malheurs qu'il pressentait.

La guerre lui avait appris qu'un général d'armée, comme un pilote, doit savoir changer de manœuvres pour donner de l'avant ou de l'arrière et, selon le vent, larguer les ris ou plier les voiles.

Mais ses vues ne purent prévaloir; ses sages conseils, sa haute influence sur les membres de la Confédération Germanique, s'évanouirent devant les désirs d'une Cour orgueilleuse et l'exaltation du peuple, aussi bien que devant les fausses espérances de l'état-major prussien et les pensées ambitieuses de Napoléon.

En présence de ces agissements, ne peut-on pas appliquer au désastre d'Iéna la réflexion qu'inspirait à M. Thiers celui de Sedan? — « Les grandes victoires qui décident en quelques heures du sort d'un pays, — disait-il, — sont remportées moins par une armée sur une autre que par un gouvernement habile et prévoyant sur un gouvernement aveugle et maladroit, qui joint les emportements aux faiblesses. »

Lorsque Mirabeau était allé à la Cour de Brunswick, chargé d'une mission diplomatique, voici le portrait que le grand orateur traçait de ce Duc de Brunswick, Charles-Guillaume-Ferdinand, dont la réputation de grand capitaine avait commencé avec tant d'éclat sous Frédéric II, et dont la vieillesse allait subir de si cruelles épreuves dans cette campagne, qu'il avait tout fait pour éviter :

« Sa figure annonce énergie, profondeur et finesse (1).

---

(1) *Le Duc de Brunswick, sa vie et ses mœurs.* — Paris. Sartorius, 1875.

« Il parle avec précision et élégance ; il est prodigieu-
« sement laborieux, instruit, perspicace.

« Ses correspondances sont immenses, ce qu'il ne
« doit qu'à sa considération personnelle, et peu de ca-
« binets sont aussi bien instruits que celui de Brunswick.

« Religieusement soumis à son métier de Souverain,
« il a senti que l'économie était sa première ressource.
« Véritable Alcibiade, il aime les grâces et les voluptés ;
« mais elles ne prennent jamais sur son travail et sur
« ses devoirs, même de convenance. Est-il à son rôle
« de général, personne n'est aussi matinal, aussi actif,
« aussi minutieusement exact que lui.

« Ce Prince a une grande défiance des hommes et un
« faible pour sa réputation militaire ; il me disait un
« jour : — « *Je sais bien quel jeu de hasard c'est que la*
« *guerre. Je n'y ai pas été malheureux ; peut-être aujour-*
« *d'hui serais-je plus habile et cependant trahi par la for-*
« *tune. Jamais homme sensé, surtout en avançant en âge,*
« *ne compromettra sa réputation dans une carrière si ha-*
« *sardeuse, s'il peut s'en dispenser.* » —

« Un homme plus avisé et en même temps plus opi-
« niâtre n'existe pas. Personne dans l'armée allemande
« ne peut lutter contre lui, pas même Moëllendorf et
« Kalkreuth,

« C'est un homme d'une trempe rare, mais trop sage
« pour être redoutable aux sages.

« Cependant, après la mort du grand Roi, il décidera
« seul de la paix et de la guerre. »

Le Duc avait débuté dans la guerre de Sept ans, sous
la direction de son oncle, le grand Ferdinand, Duc de
Brunswick (1). Il se distingua bientôt comme général

---

(1) Celui-là même qui a laissé de si importants *Mémoires*, publiés, à
Leipsig, par Knesebeck.

d'avant-garde par cette valeur et cette impétuosité qui illustrèrent depuis sa longue et glorieuse carrière militaire.

Bon administrateur, vaillant dans les combats, alliant la résolution à la réflexion, il fut, à la tête d'une petite armée, d'un grand appui pour le rétablissement du Stathouder de Hollande, Guillaume V d'Orange.

Tout le monde sait quel rôle il joua dans le drame militaire de la Révolution Française.

Mais ce qu'on sait beaucoup moins, c'est l'offre que, sous les inspirations de ses Ministres, de MM. de Narbonne, de Talleyrand-Périgord, de l'abbé Siéyès et de madame de Staël (*mademoiselle Necker*), alors ambassadrice de Suède, Louis XVI crut devoir lui faire, en 1792, de venir prendre le commandement en chef de l'armée française.

Sachant que le Duc de Brunswick avait la plus haute influence sur tous les membres de la Confédération Germanique et que, d'autre part, il avait les plus vives sympathies pour la France, le parti constitutionnel avait pensé que le meilleur moyen d'empêcher la coalition des puissances étrangères, c'était de s'assurer le concours de ce Prince en le nommant généralissime des armées françaises.

Dans les premiers jours de janvier 1792, le Comte de Custine partit, comme envoyé extraordinaire, pour Brunswick et remit au Duc une lettre de Louis XVI contenant cette offre inattendue.

Le Duc demanda quelques jours de réflexion, et une correspondance active s'échangea entre le Comte de

Custine et le cabinet des Tuileries. Mais le Duc finit par remercier le Roi de l'honneur qu'il lui avait fait, et énuméra confidentiellement les graves motifs qui, à ses yeux, rendaient ce projet irréalisable.

On connaît le reste : la coalition des Puissances, la déclaration de guerre et l'entrée du Duc de Brunswick sur le territoire français comme généralissime des armées alliées. Mais, ce qu'il est du devoir de l'historien de constater, c'est que le Duc ne consentit à prendre le commandement des armées et à tirer l'épée que pour délivrer le Roi et non pour opprimer la France.

C'est un point désormais établi, et s'il fallait une nouvelle preuve pour bien manifester sa pensée à cet égard, on la trouverait dans sa correspondance avec le cabinet de Berlin.

Les lignes suivantes, écrites de sa main, en donnent suffisamment le sens :

« Quand nous serons arrivés sur les bords de la Meuse,
« les circonstances indiqueront les mesures qu'il sera
« convenable de prendre pour la suite de la campagne :
« vous comprenez aussi bien que moi quelle influence
« importante aura sur les opérations de l'armée l'esprit
« de l'intérieur de la France. Il serait très bien de faire
« une proclamation aux gardes nationales, dans la-
« quelle il faudrait leur dire qu'on ne fait pas la guerre
« à la nation ; qu'on ne touche point à leur liberté ;
« qu'on ne veut nullement renverser leur Constitution,
« mais seulement défendre le Roi. »

Quand ses premiers succès se furent évanouis devant des revers sérieux ; quand il eut vu ses vieilles troupes plier ; quand les Vierges de Verdun eurent payé de leur tête les fleurs qu'elles lui avaient offertes à son entrée triomphale (1); quand, après la tête du Roi, de la Reine et de Madame Élisabeth, il vit la guillotine faucher, sur tous les points de la France, les têtes les plus illustres, les plus innocentes, les plus vénérables, il se retira dans ses États et se hâta d'en ouvrir les portes à tous ceux qui fuyaient le règne infernal de la Terreur.

Cependant après Valmy, en 1793, il défendit encore savamment son camp contre Hoche et défit le jeune général à Kaiserslautern ; il prit Kœnigstein et Mayence, combattit avec succès Moreau à Pirmasens, et, de concert avec le feld-maréchal Wurmser, vieux général plein d'audace et d'énergie, dont la carrière avait été marquée par de brillants succès en Allemagne et en Turquie, il rompit les lignes de Wissembourg et vain-

---

(1) Il n'est pas possible d'oublier ici les beaux vers que l'illustre poëte a consacrés à ce sanglant épisode de la Révolution :

LES VIERGES DE VERDUN

. . . .
Verdun, premier rempart de la France opprimée,
D'un roi libérateur crut saluer l'armée.
    En vain tonnaient d'horribles lois :
Verdun se revêtit de sa robe de fête,
Et, libre de ses fers, vint offrir sa conquête
    Au monarque vengeur des rois.
Alors, vierges, vos mains (ce fut là votre crime)
Des festons de la joie ornèrent les vainqueurs.
    Ah ! pareilles à la victime,
La hache à vos regards se cachait sous des fleurs.
Ce n'est pas tout. Hélas ! sans chercher la vengeance,
Quand nos bannis, bravant la mort et l'indigence,
Combattaient nos tyrans encor mal affermis,
Vos nobles cœurs ont plaint de si nobles misères ;
Votre or a secouru ceux qui furent nos frères
    Et n'étaient pas nos ennemis !
. . . .

VICTOR HUGO. »

quit les armées républicaines à Heidelberg et dans le Palatinat.

Tel fut le Prince dont l'esprit de parti avait essayé de contester la valeur et de défigurer le caractère.

Il y a quelques mois, dans un dîner d'officiers, le Maréchal de Moltke disait, avec cette gravité modeste qui est chez lui à la fois une qualité et une attitude : « Nous « ne savons pas encore ce que vaut réellement notre ar- « mée, car nous n'avons pas encore été battus. »

Mot cruel et profond!

Tous les vainqueurs se ressemblent plus ou moins, mais la défaite est la pierre de touche des armées; et celles qui y résistent sont d'une trempe supérieure.

Lors de la guerre de Sept ans, les soldats de Frédéric le Grand avaient remporté d'éclatantes victoires et souffert de terribles désastres. La victoire de Rosbach, remportée sur le Maréchal de Soûbise, leur avait peut-être fait moins d'honneur que la solidité montrée par eux au lendemain des défaites de Collin (1), de Hochkirch et de Kummersdorf, que leur avait fait subir Marie-Thérèse par son feld-maréchal, le comte Daun.

---

(1) Au sujet de cette défaite, voici une anecdote bien connue dans l'armée allemande : — Après la paix, le grand Frédéric rentre à Berlin. Il aime à se promener dans sa capitale où chacun l'acclame, mais où chacun redoute son regard sévère. Un jour, il rencontra un de ses vieux grenadiers de la guerre de Sept ans, au visage tout sillonné de balafres : — « Dans quel cabaret, — lui dit Frédéric de ce ton moqueur qu'il savait si bien faire percer sous la rudesse apparente de ses paroles, — dans quel cabaret t'es-tu fait arranger la figure de la sorte. » — « Sire, — répond le grognard, — c'est dans un cabaret où vous avez payé l'écot. » — « Et où cela ? » — reprend le Roi en fronçant le sourcil. — « C'est à Collin. » — Frédéric sourit et passa son chemin.

En 1806, on put croire que la Prusse avait désappris, non seulement la stratégie, la tactique et même la logistique, mais ces vertus, propres à l'homme de guerre, qui réparent les grands malheurs.

On avait rejeté les plans du Duc de Brunswick comme on avait rejeté ses conseils pacifiques, et l'on avait contraint ce vétéran de la guerre, ce vieux chef d'armée, à abandonner ses intelligentes combinaisons pour suivre l'indécise exaltation d'un état-major de cour, composé d'officiers peu instruits et peu expérimentés.

L'art de reconnaître l'ennemi et l'art de l'égarer étaient alors des arts français par excellence. Les généraux de Frédéric-Guillaume s'étaient laissé surprendre, ils avaient été battus; et, ce qui est plus grave, lorsque le Duc de Brunswick, le chef dont ils avaient méconnu les sages avertissements, tomba mortellement frappé, ils avaient perdu la tête; la retraite s'était changée en déroute; la déroute en débandade.

L'état-major prussien contribua aux foudroyantes victoires de Napoléon; il fut l'involontaire complice de son génie et des malheurs du pays.

L'Europe demeura stupéfaite; elle s'était habituée à considérer la Prusse comme son premier Etat militaire.

Après Iéna, Frédéric-Guillaume III fit ce que fit Napoléon III, le soir de Sedan. Il dépêcha auprès de son vainqueur le Comte Dohnhof pour lui remettre une lettre par laquelle il lui représentait qu'il se serait perdu d'honneur s'il avait cherché à éviter ou à différer la lutte, que ses troupes avaient prouvé leur vaillance, qu'il ne lui restait plus qu'à prier l'Empereur de renouer avec lui son ancienne liaison d'amitié. Cette lettre avait été écrite cinq jours après la publication du manifeste qui dénonçait Napoléon à la haine de l'Europe. — « Il semblait qu'on n'avait point eu de raisons sérieuses de déclarer la guerre, qu'il ne s'agissait que d'une question de point d'honneur, désormais vidée par un duel au premier sang (1). » —

Et c'était à Napoléon Ier que le Gouvernement prussien adressait ces propositions, à l'homme qui tenait dans sa main de fer les dés de fer du destin !

On lui demandait de pardonner à son ennemi... et il avait déjà dépecé la Prusse dans sa pensée.

Un gentilhomme curieux s'avisa un jour de questionner le Prince de Bismarck sur ce qui s'était passé entre lui et Napoléon III au cours de l'entretien qu'ils avaient eu ensemble le lendemain de Sedan. Après un instant de silence, le Prince fixa sur son interlocuteur ces deux grands yeux bleus, larges et saillants, qui ont l'air de pouvoir regarder le soleil sans en être éblouis, et il dit en souriant : — « Figurez-vous, Monsieur le Vicomte, qu'il croyait à notre générosité ! »

Napoléon Ier avait probablement fait une réflexion de ce genre quand le Comte Dohnhof lui remit la lettre de Frédéric-Guillaume III.

Iéna et Sedan sont deux grands exemples du célèbre *Væ victis !* jeté à la face de Sulpicius. Certes, on peut leur appliquer la grande parole de Donoso Cortès aux Chambres espagnoles :

« Mientras que el hombre esta en la prosperidad es respetado y temido, pero si le sucede el infortunio entonces se le desprecia y se le escupe. Lo mismo pasa con los animales estraviados en el desierto asi como con las naciones vencidas. »

---

(1) *Le Prince de Hardenberg.*

En 1806, le mot de Schiller était juste : — « Deux nations puissantes se disputent la possession du monde ; pour écraser la liberté des autres pays, elles balancent le trident et la foudre. Chaque contrée doit pour elles peser de l'or, et, comme Brennus, dans les temps anciens, la France met son épée de fer dans la balance de la justice. » —

Mais, hélas ! en 1870, l'épée de Brennus prit les Français pour les Romains et, comme eux, les écrasa de tout son poids.

Après les batailles d'Iéna et d'Auerstaëdt, suivies de leurs terribles conséquences, les yeux de tous les Prussiens qui n'étaient pas des aveugles-nés furent dessillés.

Qu'y avait-il donc ? Ils avaient été battus ? C'est vrai ! mais leur armée était encore fort belle ; d'une tenue et d'une discipline admirables ; l'artillerie excellente ; la cavalerie brave, exercée et manœuvrière. Enfin, l'infanterie descendait des grenadiers de Frédéric le Grand !

Appuyés sur de semblables bases, ils pouvaient avoir confiance dans l'avenir et espérer reprendre leur revanche... à moins qu'ils ne craignissent cependant que les premiers échecs eussent à jamais abattu les courages.

Non ! il n'en était pas ainsi ! Ce qu'il manquait à la Prusse en 1806, c'est ce qui manquait à la France en 1870 : un gouvernement sérieux, une direction ferme, des plans étudiés, arrêtés, des hommes d'Etat, éclairés et énergiques. En 1806 et 1870 les armées des deux nations furent impuissantes, mais non responsables des désastres. Il leur manquait le commandement, et sans commandement il n'y a pas d'armée possible.

Les chefs de corps, tiraillés de tous côtés, pouvaient dire, en se souvenant de leurs anciennes guerres, le mot de Louis XVI, soumis aux constitutionnels : — *« J'étais l'unique roi de* 25,000,000 *de sujets. Aujourd'hui je suis l'unique sujet de* 25,000,000 *de rois. »*

Les Prussiens comprirent que leur pays était malade, qu'il ne pouvait être sauvé que par les grands remèdes ou que, pour mieux dire, il fallait refaire la Prusse.

Dans cette jeune et vaillante Monarchie des Hohenzollern encore pleine de la renommée du grand Frédéric, moins de cinquante ans après cette merveilleuse bataille de Lissa où trois heures avaient suffi à 36,000 Prussiens pour mettre en pleine déroute 80,000 Autrichiens commandés par le feld-maréchal Daun, on vit, faute d'une sage direction, une armée passer en quelques jours d'une confiance excessive en elle-même à un découragement sans exemple, des officiers saisis de terreur panique, une infanterie rompant ses rangs, une cavalerie démontée, des cadres qui se dégarnissaient d'heure en heure, les soldats jetant leurs armes, les routes jonchées de fusils et de canons, un escadron se livrant à la merci de trois chasseurs qui l'emmènent prisonnier de guerre, des forteresses de premier ordre ouvrant leurs portes sans coup férir, la place de Stettin, munie d'une nombreuse artillerie, se rendant à la sommation que lui adresse un officier de cavalerie légère, envoyé du général Lasalle.

« Puisque vos chasseurs prennent des places fortes, — écrivait Napoléon à Murat, — je n'ai plus qu'à licencier mon corps du génie et à faire fondre ma grosse artillerie. »

Le Prince de Hardenberg lui-même comparait cette

lamentable déroute à celle d'un troupeau sans berger, poursuivi par des loups ravissants. L'armée française ne rencontra aucun obstacle sérieux dans sa marche oblique, dont le succès fut si complet que l'armée prussienne, comme l'a dit l'historien du *Consulat et de l'Empire* : — « constamment débordée pendant une retraite de 200 lieues, de Hof à Stettin, n'arriva à l'Oder que le jour même où ce fleuve était occupé, fut détruite ou prise jusqu'au dernier homme, et que, en un mois, le Roi d'une grande Monarchie, le second successeur du grand Frédéric, se vit sans soldats et sans États. » —

Mais ce Monarque sans soldats, sans États et sans alliés, était un de ces souverains que le malheur grandit.

Hodie mihi, cras tibi... dit-il à Napoléon, lorsqu'il eut été vaincu et qu'il fut soumis à la France. La chute de l'Empire Français fut, à partir de ce jour, le *delenda Carthago* de ses pensées.

Depuis qu'il eut rejeté l'armistice du 16 novembre 1806, Frédéric-Guillaume III montra une persévérance et une fermeté de caractère qui lui concilièrent l'estime et la sympathie de l'Europe.

Après Eylau, résolu à faire jusqu'au bout cause commune avec la Russie, il refusa la paix séparée que lui offrait le vainqueur, et quand il eut, après Friedland, la douleur de voir le Czar, son allié, faire bon marché des intérêts prussiens et se soumettre à Napoléon, il sut encore se taire ; il se résigna, acceptant noblement son affreuse situation.

L'œuvre de Frédéric le Grand était détruite ! L'Empereur des Français avait adopté le parti de renforcer son système fédératif aux dépens de la Prusse. Il créa le grand-duché de Varsovie, qu'il donna au Roi de Saxe, Frédéric-Auguste II. Il augmenta la Confédération du

Rhin du Royaume de Westphalie, formé des provinces prussiennes depuis la rive gauche de l'Elbe jusqu'à Magdebourg, des États de l'Electeur de Hesse-Cassel, et du duché de Brunswick, arraché à la Maison des Guelfes. Ce royaume fut donné à Jérôme Bonaparte. Plus tard, il s'accrut encore du Hanovre, autre glorieux patrimoine des Guelfes, que Napoléon s'était réservé, à la paix de Tilsitt, afin de conserver un moyen de rapprochement avec les Brunswick d'Angleterre. La Confédération du Rhin avait été déjà renforcée de l'électorat de Saxe ; l'Electeur reçut le titre de Roi.

L'Empereur Alexandre reconnut à Tilsitt les souverainetés accordées à la famille Bonaparte, et, en acceptant la Prusse Orientale, il prit part aux dépouilles qu'une guerre malheureuse, dont il avait partagé les défaites, enlevait à son allié, le Roi de Prusse.

La Prusse perdait ainsi ses provinces allemandes jusqu'à l'Elbe et ses provinces polonaises ; elle était réduite à cinq millions de sujets ; elle avait à payer une lourde contribution de guerre ; et elle se demandait si elle réussirait à se mettre en règle avec son créancier et à reconquérir sur lui sa capitale.

Le destin, si dur pour Frédéric-Guillaume III, répara ses rigueurs en lui faisant le plus appréciable de tous les dons : il lui procura des hommes de cœur et d'intelligence, capables de rétablir ses Etats ébranlés, démantelés, livrés aux factieux et aux ambitieux.

Ils eurent le courage de tout dire, et le Souverain eut le mérite de les écouter.

Curieux effets du hasard, ces hommes, pour ainsi dire providentiels, étaient presque tous des étrangers.

Le Baron de Stein, ce gentilhomme intraitable, dont

l'écorce rugueuse cachait une âme chaude, un esprit enthousiaste et un sens pratique peu commun, était sujet du Duc de Nassau ; de Scharnhorst, qui réorganisa l'armée et qui unissait une démarche indolente, un langage embarrassé, à une grande netteté d'idées et à la vigueur de la volonté, était, comme le Prince de Hardenberg, sujet des Guelfes, de la branche cadette Brunswick-Hanovre. Ce fut Charles-Guillaume-Ferdinand, Duc de Brunswick, qui dota la Prusse de ce grand serviteur. Sur sa recommandation, de Scharnhorst passa de l'armée hanovrienne, où il était professeur d'art militaire, à l'armée prussienne et fut chargé d'enseigner les nouveaux principes de tactique à l'élite des officiers, puis de l'éducation militaire du Prince héréditaire. Après avoir assisté aux batailles d'Auërstaedt et d'Eylau, il fut nommé directeur du département de la guerre, et, quoique Napoléon, qui sentait en lui un ennemi dangereux et avec lequel il fallait compter, l'eût forcé de donner sa démission en 1810, il resta, en secret, à la tête de l'administration de la guerre. C'est en grande partie à lui que la Prusse doit aujourd'hui d'être ce qu'elle est. De Scharnhorst a su faire école. Ses élèves sont les vainqueurs du Danemark, de l'Autriche, du Hanovre et de la France, Avant d'être mortellement frappé, sur le champ de bataille de Leipzig, où il était chef d'état-major de Blücher, il avait réorganisé l'armée prussienne, institué la *Landwehr* et instruit les soldats de la campagne de 1813, 1814 et 1815, sur lesquels les aigles de Napoléon, elles-mêmes, ne remportèrent plus que des victoires blessées à mort.

Niebuhr était Danois. Le Baron d'Altenstein, qui fit tant pour relever l'enseignement, était Franconien, né à Anspach, au temps où ce margraviat n'avait pas encore été cédé par ses Margraves à Frédéric-Guillaume II.

Ces étrangers avaient épousé la Prusse, sans épouser les préjugés prussiens. Ils sapèrent par le fondement les mauvaises institutions ; ils furent les régénérateurs de leur patrie d'adoption, à qui leur nom est resté cher.

Hegel, qui avait vu Napoléon traverser les rues d'Iéna, écrivait, avec sa naïveté de grand penseur et de philosophe, à Niethammer : — « C'est une étrange sensation que d'apercevoir devant soi, assis sur un cheval, l'homme du destin, qui porte en lui l'âme du monde, *die Welt-seele.* » — Comme Hegel, les hommes d'Etat prussiens qui approchèrent de Napoléon à Tilsitt étaient philosophes à leur façon, ils avaient probablement lu Kant ; ils crurent reconnaître sur le front du vainqueur d'Iéna la marque « d'une incontestable supériorité et d'une énergie irrésistible. » Le Baron d'Altenstein écrivit de son côté à Schon : « Non, vous ne détruirez pas cet homme. Ce fut là ma pensée quand je le contemplai au milieu de son entourage. Il est envoyé de Dieu pour écraser ce qui est faible et pour réveiller ce qui est fort, *er ist von Gott gesandt, die Schwäche zu zermalmen und Kraft zu erregen.* »

Le prince de Hardenberg pensait comme le baron d'Altenstein. Il estimait que les malheurs de la Prusse n'étaient pas un accident, mais qu'elle les avait mérités par ses fautes. Il voyait dans l'incomparable capitaine qui l'avait vaincue un grand justicier, revêtu d'une mission divine. Cette mission consistait à réduire en poussière les institutions décrépites et les Etats vermoulus, à susciter partout des forces vives, qui un jour se retourneraient contre lui et le terrasseraient.

Heureux sont les pays qui, à l'heure des grandes catastrophes, possèdent des politiques sincères, des philosophes instruits dans l'art de gouverner les peuples, et non moins heureux sont les Princes qui ont d'habiles médecins et le courage de se laisser amputer un membre quand la gangrène s'y est mise !

Le Roi Frédéric-Guillaume III n'était pas un génie, Napoléon le traitait de médiocre caporal; mais ce caporal savait profiter des leçons de l'expérience et sacrifier ses préjugés au bien public.

Il se prêta à l'essai des grandes mesures, des grandes réformes, qui seules pouvaient restaurer son royaume épuisé, saigné à blanc.

Par sa persévérance à poursuivre jusqu'au bout le pénible travail de sa régénération, la Prusse mérita de voir des jours meilleurs : *finis coronat opus*. Les hommes d'Etat doutaient de la solidité de cet Empire d'Occident fondé par le nouveau Charlemagne; ils avaient trop étudié la philosophie pour ne pas savoir que les ambitions démesurées et les génies intempérants ne bâtissent et n'étayent même jamais rien de durable.

Le Prince Guillaume de Prusse, frère du Roi, envoyé en mission à Paris, en rapporta l'impression que cet Empire éclatant serait éphémère; il racontait qu'un soir, dans le parc de Fontainebleau, à quelques pas du château, éclairé par les feux du couchant, des familiers du maître s'étaient pris à se demander si le soleil d'Austerlitz ne pâlirait pas un jour et si tous les colosses n'ont pas des pieds d'argile. Vers le même temps, l'Empereur Alexandre disait au Comte Potocki : — « Ayons un peu de patience; c'est un torrent qu'il faut laisser passer (1). »

Les peuples éprouvés cruellement par le sort n'ont pas toujours pour les servir et les sortir du précipice, des Hardenberg, des Stein, des Scharnhorst; mais le bon sens, armé de courage et d'obstination, suffit pour venir

---

(1) *G. Valbert.*

à bout des égoïstes, et pour tenir en échec les brouillons, aussi dangereux que les égoïstes.

L'essentiel est de ne pas s'endormir sur les périls, de ne pas se laisser décourager par les difficultés, par les contre-temps, par les déconvenues.

A chaque jour suffit sa peine, et les torrents ont leurs heures comptées d'avance. Mais il faut se souvenir que la législation d'un peuple et sa force armée ne se forment nulle part *a fortiori* : partout elles découlent des besoins de la société et d'un travail lent, continu.

Les désastres de la Prusse en 1806 et ceux de la France en 1870-1871 prouvent, *a posteriori*, que les désordres dans les Etats sont produits par les passions ambitieuses.

En Prusse, c'étaient les intrigues de Cour qui assiégeaient le trône ; en France, c'étaient les entraînements irréfléchis, l'éternelle mobilité d'une démocratie prompte à se déjuger, sujette à défaire le lendemain ce qu'elle a fait la veille.

Depuis 1815, la Prusse était libre de toute entrave ; son aigle royal couvait, dès Waterloo, l'Empire que l'an 1871 a vu éclore sous la puissante action de son envergure.

L'aigle des Napoléon avait appris, dans son langage impérial, à l'aigle des Hohenzollern les principes de guerre, d'administration, de diplomatie, l'art d'étudier les cours et les peuples. Puis les grandes lois militaires avaient eu de vaillants apôtres de l'autre côté du Rhin.

« Si, — écrivait le Prince Frédéric-Charles (1), —

---

(1) *L'Art de combattre les Français,* par le Prince Frédéric-Charles de Prusse.

nous voulons que, sur le champ de bataille, la fortune se range de notre côté, profitons de la paix pour développer, aux limites du possible, la force morale de nos troupes.... Cultivons et perfectionnons l'instruction, l'âme et le corps de chacun de nos soldats, et notre armée se procurera ainsi le moyen d'être invincible...

« Cela nous autorisera alors à nous écrier : — « *Plus il y a d'ennemis, plus il y a d'honneur* ! » et à dire que notre « *Vorwærts und drauf mits Gott für Kœnig und Vatterland* (1) ! » couvrira un jour le « *En avant* » des Français.

Contrairement à ce que fit la France, empêchée par les factions qui redoutent l'armée comme les voleurs craignent les gendarmes, la Prusse suivit ces sages conseils ; elle augmenta et instruisit son armée ; elle sut concilier les nouveaux principes d'organisation militaire avec la formation de troupes vraiment nationales ; les traditions avec les innovations ; le patriotisme avec l'*humanitarisme ;* la religion avec la science, et la loyauté royaliste avec un peu d'enthousiasme *populaire.*

Aussi lorsque, en 1870, le gouvernement français eut si follement déclaré la guerre contre de telles forces, ce ne fut pas seulement une armée, ce fût la nation allemande en armes qui traversa le Rhin pour lutter contre les descendants des vainqueurs d'Iéna.

Nous avons cruellement expié nos victoires et nos fautes par nos défaites et par nos malheurs.

Que, du moins, ces deux impérissables souvenirs d'Iéna et de Sedan, en nous montrant, à travers la gloire et le deuil, le même adversaire vaincu et victo-

---

(1) *En avant et sus, avec Dieu, pour le Roi et la Patrie.*

rieux, soient pour nous un double et éloquent enseignement qui nous garde à jamais contre les surprises
de l'avenir !

Depuis Tolbiac, le vieux drapeau des Francs a brillé
le premier et le plus haut parmi toutes les armées euro-
péennes. Ce n'est pas après quatorze cents ans qu'il
faut le laisser abaisser ou pâlir.

L'heure est solennelle. Jamais peut-être l'armée française n'a eu devant elle une mission plus difficile et des
périls plus formidables.

Il ne lui suffit pas de perfectionner des armes et de
multiplier le nombre de ses soldats. Il lui faut élever
son âme à la hauteur de ses devoirs, et retrouver toute
son énergie des anciens jours, en se retrempant aux
grandes sources où elle a puisé pendant si longtemps
le secret merveilleux de sa puissance et de sa splen-
deur.

Paris. — Imprimerie L. Baudoin, rue Christine, 2.

DU MÊME AUTEUR

Un engagement de cavalerie. — **Combat de Buzancy** (27 août 1870).

La camisade d'Étrépagny (29 novembre 1870).

Le Duc de Chartres, Colonel du 12e régiment de chasseurs.

Les armées improvisées.

Sous presse :

Histoire de la campagne de 1870-1871.

Paris. — Imprimerie L. Baudois et Cᵉ, rue Christine, 2.

9 782012 981508